mamã

mami

papá

tati

menino

băiat

menina

fată

1 

um

unu

2

dois

doi

3

três

trei

4

quatro

patru

5

cinco

cinci

6

seis

șase

7

sete

șapte

8

oito

opt

9

nove

nouă

10

dez

zece

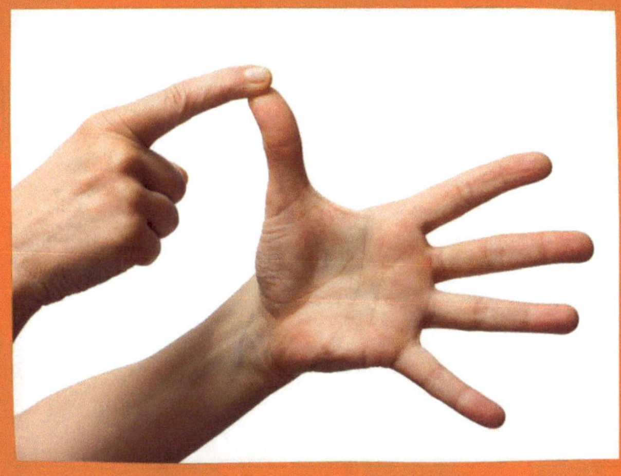

contar

a numără

escrever

a scrie

desenhar

a desena

pintar

a picta

círculo

cerc

quadrado

pătrat

retângulo

dreptunghi

triângulo

triunghi

estrela

stea

preto

negru

branco

alb

castanho

maro

vermelho

roșu

azul

albastru

amarelo

galben

verde

verde

roxo

violet

cinzento

gri

laranja

portocaliu

rosa

roz

maçã

mǎr

banana

banană

ananás

ananas

melancia

pepene verde

pera

pară

uvas

struguri

manga

mango

pêssego

piersică

morango

căpșună

cereja

cireașă

laranja

portocală

coco

nucă de cocos

limão

lămâie

cogumelo

ciupercă

milho

porumb

tomate

roșie

abóbora

dovleac

pepino

castravete

cenoura

morcov

batata

cartof

curgete

dovlecel

espinafre

spanac

couve-flor

conopidă

ovo

ou

prato

farfurie

colher

lingură

faca

cuțit

garfo

furculiță

bolo

tort

biberão

biberon

doces

bomboane

queijo

brânză

beber

a bea

comer

a mânca

quente

fierbinte

frio

rece

pequeno

mic

grande

mare

 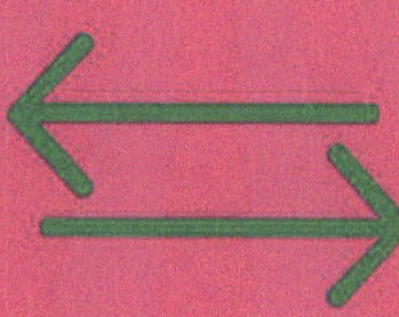

curto

scurt

longo

lung

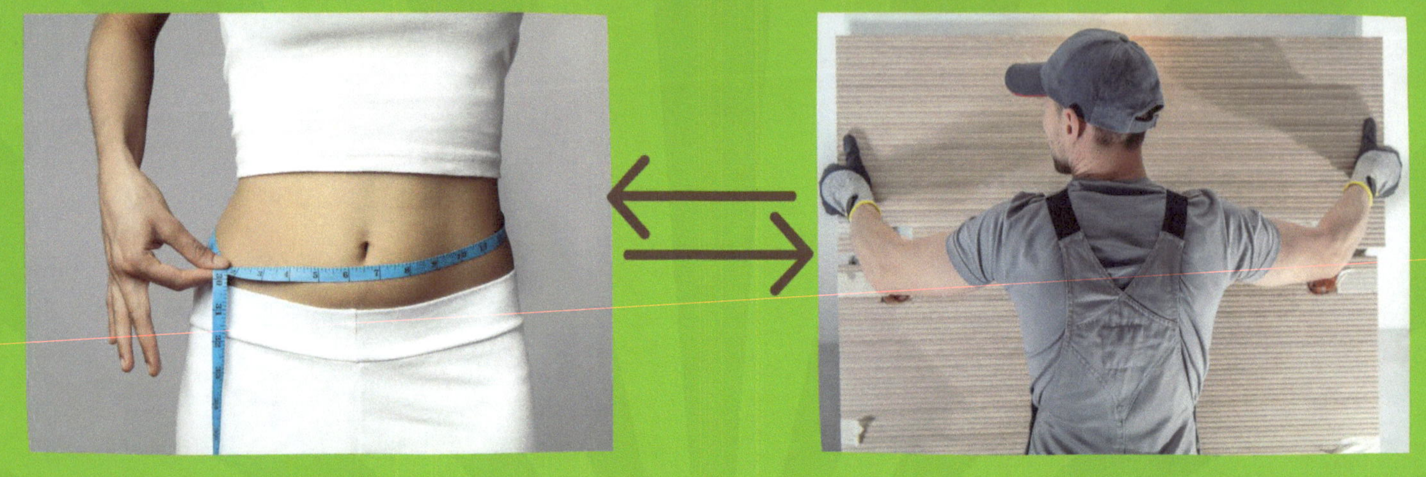

fino
subțire

grande
mare

fácil
ușor

difícil
dificil

levantar-se

a se ridica

sentar-se

a sta jos

doce

dulce

salgado

sărat

pesado

greu

leve

ușor

dentro

înăuntru

fora

afară

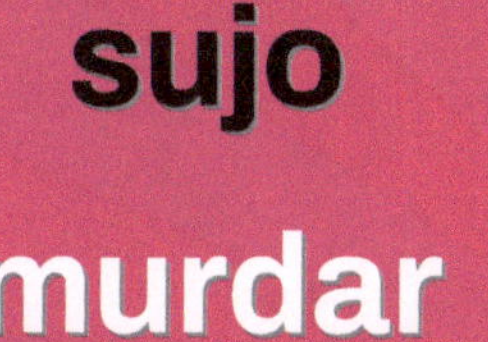

sujo

murdar

limpo

curat

fechar

închis

abrir

deschis

lápis

creioane

relógio

ceas

chave

cheie

livro

carte

cama

pat

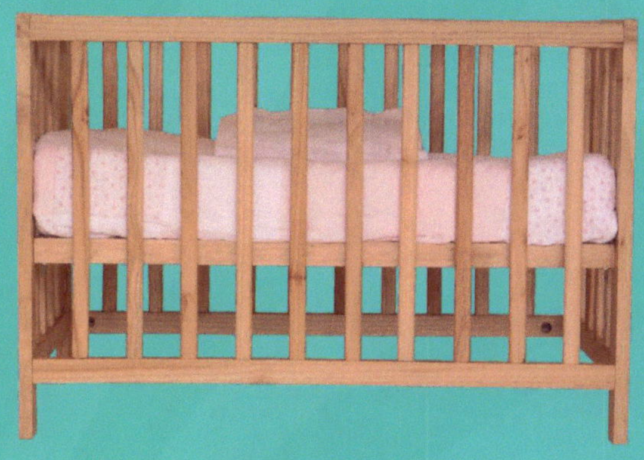

berço

pătuț

mesa

masă

cadeira

scaun

carro

mașină

bicicleta

bicicletă

avião

avion

barco

barcă

comboio

tren

helicóptero

elicopter

camião dos bombeiros

mașină de pompieri

bombeiro

pompier

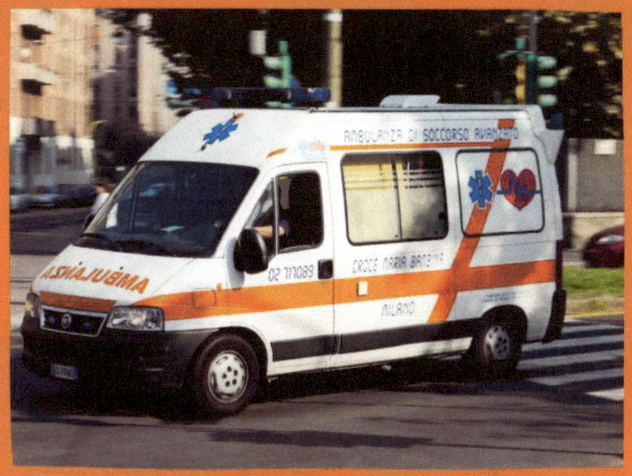

ambulância

ambulanță

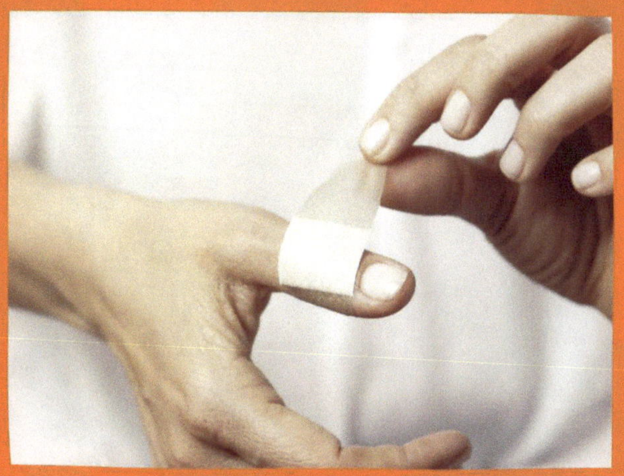

ligadura

pansament

paramédico

paramedic

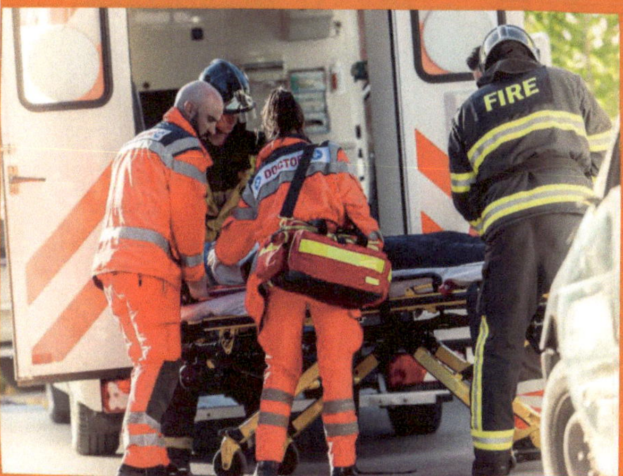

equipa de resgate

echipă de salvare

floresta

pădure

montanha

munte

relva

iarbă

areia

nisip

árvore

copac

flor

floare

borboleta

fluture

formiga

furnică

gato
pisică

cão
câine

cavalo
cal

rato
șoarece

vaca

vacă

porco

porc

ovelha

oaie

pato

rață

ganso

gâscă

coelho

iepure

peixe

pește

veterinário

veterinar

médico

doctor

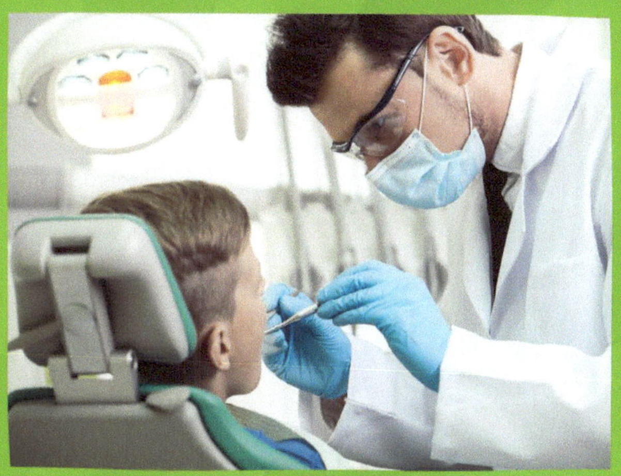

dentista

dentist

farmacêutico

farmacist

enfermeira

asistentă

cabeça

cap

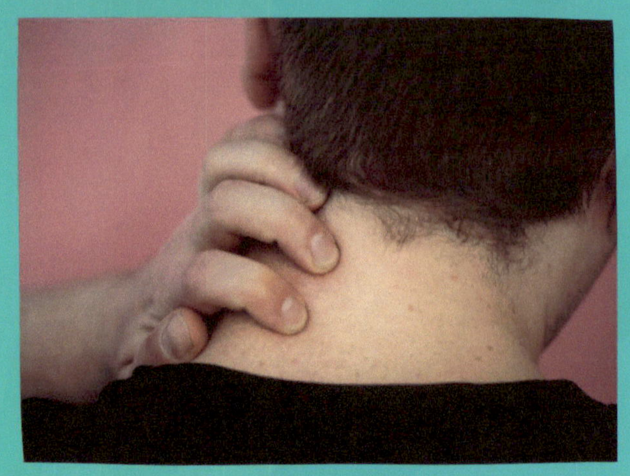

pescoço

gât

pé

picior

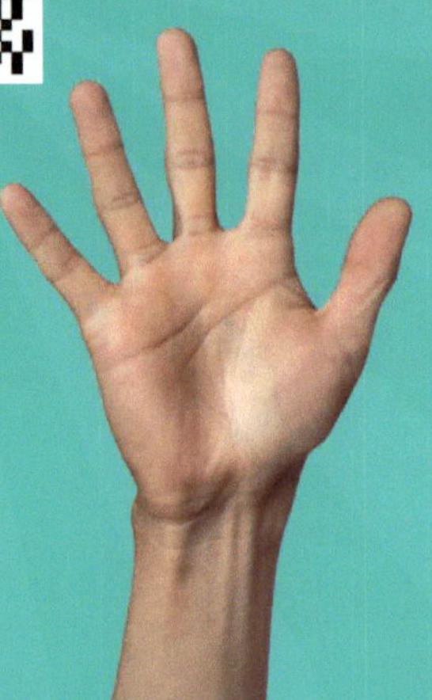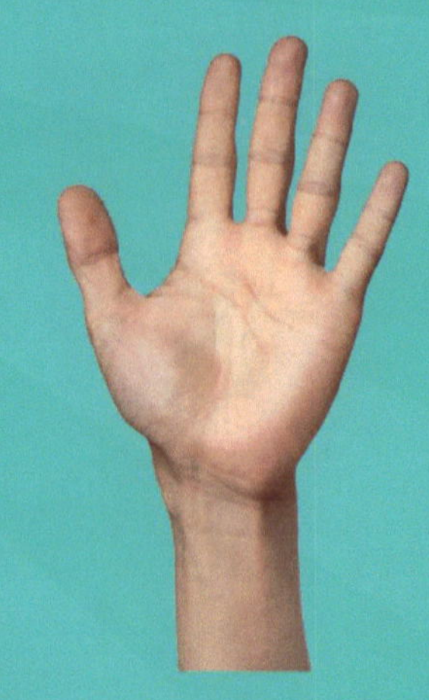

mão

mână

dentes

dinți

olho

ochi

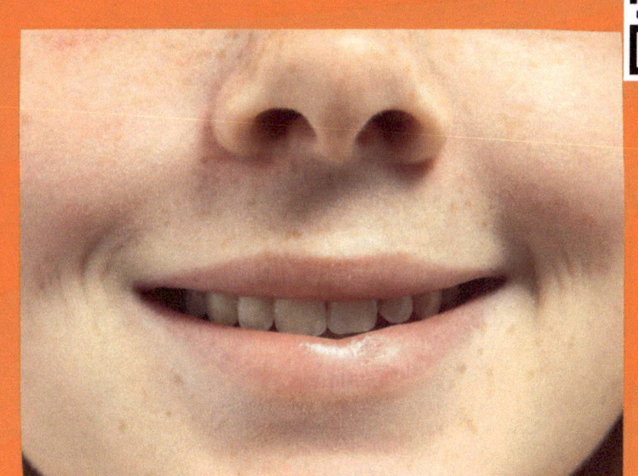

boca

gură

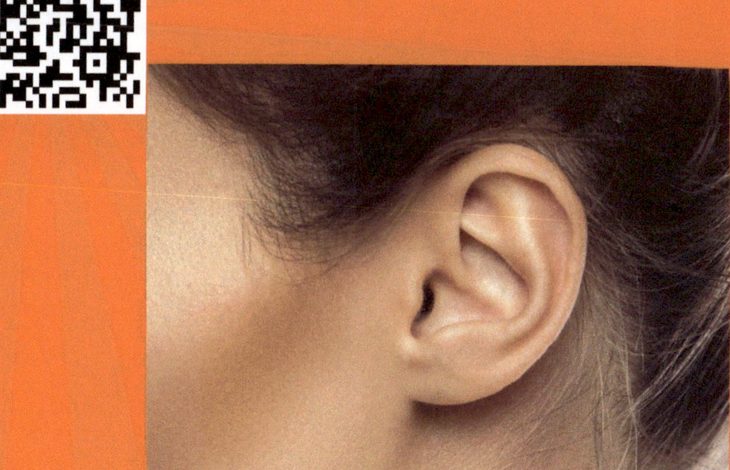

orelha

ureche

chapéu

pălărie

vestido

rochie

calças

pantaloni

sapatos

pantofi

casaco

palton

cachecol

eșarfă

guarda-chuva

umbrelă

óculos

ochelari

sol

soare

nublado

noros

chuvoso

ploios

lua

lună